VENTE

Des 5 et 6 Avril 1897

HOTEL DROUOT, SALLE N° 10

COLLECTION T***

ŒUVRES

de

F. ROPS

Me Maurice DELESTRE, Commissaire-Priseur

Rue Saint-Georges, 7

M. Gustave PELLET, Expert

Quai Voltaire, 9

EXPOSITION PUBLIQUE

Le Dimanche 4 Avril 1897

de 1 heure 1/2 à 5 heures 1/2

IMPRIMERIE MAULDE ET RENOU

MAULDE, DOUMENC & Cie

IMPRIMEURS DE LA COMPAGNIE DES COMMISSAIRES-PRISEURS

Rue de Rivoli, 144

CATALOGUE

DES

ŒUVRES

DE

FÉLICIEN ROPS

EAUX-FORTES

FRONTISPICES, ILLUSTRATIONS, AQUARELLES

ET DESSINS

Gravures avec Dessins et Autographes en marge

COMPOSANT

La Collection de M. T***

ET DONT LA VENTE AURA LIEU A PARIS

HOTEL DES COMMISSAIRES-PRISEURS, RUE DROUOT, 9

Salle n° 10

Les Lundi 5 et Mardi 6 Avril 1897

A DEUX HEURES PRÉCISES

Me Maurice DELESTRE, Commissaire-Priseur

Rue Saint-Georges, 5

ASSISTÉ DE

M. Gustave PELLET, Expert

Quai Voltaire, 9

CHEZ LESQUELS SE DISTRIBUE LE CATALOGUE

EXPOSITION PUBLIQUE

Le Dimanche 4 Avril 1897, de 1 heure 1/2 à 5 heures 1/2

PARIS — 1897

CONDITIONS DE LA VENTE

Cette vente se fera au comptant.

Les Acquéreurs paieront CINQ POUR CENT en sus des adjudications.

On peut, avant l'Exposition, voir les Gravures et Dessins chez M. G. PELLET, expert, quai Voltaire, 9, au fond de la cour, tous les jours de deux heures à six heures.

ORDRE DES VACATIONS

Le Lundi 5 Avril :

EAUX-FORTES.................... du n° 1 à 197
DESSINS ET AQUARELLES.......... du n° 411 à 429

Le Mardi 6 Avril :

EAUX-FORTES.................... du n° 198 à 391
DESSINS ET AQUARELLES.......... du n° 392 à 410

L'Expert se réserve la faculté d'intervertir les numéros et de les grouper.

MAULDE, DOUMENC et Cie, imprimeurs de la Cie des Commissaires-Priseurs, rue de Rivoli, 144. 1000—65050

PRÉFACE

Il peut sembler présomptueux ou monotone d'écrire, à six mois d'intervalle, deux préfaces à propos d'un même artiste. Pourtant, après avoir souligné à l'attention du public les richesses de la collection H***, dispersée en novembre dernier, nous n'avons pu résister au plaisir de consacrer quelques lignes à celle de M. T*** qui, bientôt, subira le même sort. En effet, les cartons de ces deux amateurs distingués ont été garnis de façon absolument différente. Un même goût, une même admiration pour un même artiste ont pu leur inspirer des choix tellement divers qu'il eût été possible de concevoir la réunion des deux ensembles dans une même main sans craindre d'y créer des doubles emplois!

M. H***, passionné pour les dessins, en avait accaparé une série étonnante. Mais, dans le domaine de l'eau-forte, il s'était contenté d'un certain nombre de belles pièces terminées, choisies parmi les plus connues et les plus justement célèbres. Les *états*, les curiosités, les raretés avaient été systématiquement négligés.

C'est au contraire en ce dernier sens qu'a porté l'effort de M. T***, et il a réussi à constituer, dans cet ordre d'idées, un véritable monument. Quiconque veut avoir une idée complète de l'œuvre de Rops, et l'étudier sous ses divers aspects, devra scruter soigneusement ces feuilles, sans négliger les moindres débris de papier, car plusieurs portent une empreinte qui peut fort bien ne jamais reparaître en public.

Durant de longues années, Rops a fait de l'eau-forte, comme les oiseaux chantent, insoucieux de qui le regardait, fort enclin d'ailleurs à sacrifier le soir l'enfant né le matin. Après une première morsure, il se tirait lui-même une épreuve barbouillée tant bien que mal, et souvent, ayant vérifié le progrès de sa besogne, il laissait tomber dédaigneusement l'essai devenu inutile et sacrifié. Le ramassait, qui voulait! Heureusement, dans les ateliers, rien ne se perd. Le piqueur de mégots, vigilant inspecteur des trottoirs boulevardiers, a son pendant au pied des presses. Qu'il figure parmi les domestiques, les parents, les amis, les dévoués ou les jaloux camarades, le ramasseur d'épreuves est toujours là, sous une forme quelconque, guignant les miettes, expert à gagner sa journée sans rien faire, sinon à nettoyer le plancher en colligeant les épluchures! Tel le chiffonnier, instrument de salubrité publique.

Le *ramasseur*, par lui-même, n'excite pas une vive sympathie. Il convient cependant de lui vouer une extrême indulgence pour les services qu'il rend — involontairement parfois — aux manies des collectionneurs et — ce qui compte plus — à la renommée des artistes.

C'est à un *ramasseur* que nous devons la survivance d'un grand nombre des précieuses reliques énumérées dans ce catalogue, et aussi, il faut bien le dire, à la hardiesse du premier collectionneur de Rops, M. B***, le héros d'un marché particulièrement audacieux. Il y a vingt-cinq ans, à Paris, M. B*** — seul de son espèce — connaissant Rops et l'aimant, — recueillait assidûment — sans grands frais — ses gravures. D'origine belge, M. B*** reçoit un jour de son pays, une lettre, où un ancien camarade de Rops lui disait posséder un lot considérable d'épreuves d'état; il lui offrait le tout pour trois mille francs, mais à une condition, c'est que l'argent lui fût envoyé séance tenante et sans vérification! C'était raide!

M. B*** hésita, — fort excusable. — Puis, la curiosité l'emportant sur la prudence, il expédia la somme. Bien lui en prit. Deux jours après, il recevait les eaux-fortes mystérieuses qui, durant de longues années, lui procurèrent cette rare sensation, précieuse à l'âme inquiète du collectionneur : la propriété d'objets sans rivaux, dignes d'universelle envie. Sa hardiesse avait été largement récompensée.

Il en jouit longuement, puis, se blasa.

Un négociant habile et passionné, saisissant un jour ce moment psychologique où l'amateur, rassasié de sa bonne fortune, tourne les yeux vers d'autres appétits, sut enlever à prix d'or, cette inestimable farde, et la distribua à ses clients.

Un des premiers, M. T*** puisa dans le trésor et, avec un discernement avisé, en saisit les meilleurs morceaux. Ce fonds constitue la partie la plus curieuse de sa collection.

Les premières tentatives d'un homme dans un art où il doit un jour exceller, sont toujours intéressantes. Chez Rops, ces essais de la première heure commandent particulièrement l'attention à un double point de vue. D'abord, le plus grand nombre en est presque inconnu, ensuite, ce sont d'admirables témoignages de divination artistique. Le public a beau jeu quand il blague les maniaques attardés à la recherche d'objets dont la rareté fait le seul mérite, sans prendre souci d'y constater le moindre symptôme de beauté. Mais quand cette chasse ardente poursuit des pièces à la fois rares et superbes, la plaisanterie n'a plus cours. Tel est le cas de la plupart des anciennes eaux-fortes de Rops.

Le talent de Rops a subi des évolutions connues. On a peine à croire, tout d'abord, que le même homme ait exécuté les frontispices de Poulet-Malassis et ceux de Gay et Doucé. A vingt ans d'intervalle, sa pointe s'est absolument transformée. Mais le maître s'affirme aussi nettement dans telle illustration de l'Uylenspiegel, que dans la Pantoufle de Cendrillon. Au sortir de l'adolescence comme en pleine maturité, Rops étudiait constamment, et ses pédagogiques des tentatives initiales sont aussi fouillées que les planches d'études minutieusement élaborées en ces dernières années. Seulement les premières sont introuvables. M. T*** cependant en a trouvé. Tels sont les états uniques du médaillon de *Pigeon vole*, le canot du Royal-Club de Sambre-et-Meuse dont Rops était le barreur. Il y a là deux croquis, une femme en toilette de ville debout et un profil de vieille femme, où le grand artiste se révèle du premier coup.

On peut, en les voyant, penser à Millet, à Daumier, à Rembrandt, à cause de la puissance du jet, mais il faut convenir, qu'avec une force égale, l'auteur reste indépendant de ses prédécesseurs. La brutalité de l'empreinte a quelque chose d'effrayant, et la raideur même de certaines lignes défie la critique et interdit l'analyse du détail.

Les mêmes qualités s'affirment dans deux pièces exceptionnelles, la *Soetkin* et *Nephten*, qui doivent remonter à l'année 1860 environ. *La Soetkin* est un buste de femme de face, traité deux fois avec des variantes. Dans la première épreuve, le regard est dur, la face anguleuse et carrée, le travail à son début.

Dans ce premier état, qui nous était resté inconnu lorsque nous rédigions, il y a dix ans, notre premier catalogue, l'œil gauche n'existe pas encore. L'artiste l'a indiqué au crayon pour la continuation de son travail. Plusieurs traits violents sillonnent le front et les pommettes en manière de lèpre. C'est difforme et superbe. Le génie y éclate. La deuxième incarnation se présente sous forme de travail avancé, traité avec une minutie de croisillons exaspérante. Et malgré cette surabondance de toiles d'araignées, l'effet reste aussi intense que dans une œuvre magistralement simple.

Moins encore, cependant, que dans *Nephten,* un simple masque aussi, dont le sentiment profond conserve un énigmatique et troublant caractère. Trois états différents, également précieux, marquent les étapes de cette œuvre grandiose. Le métier n'existe pas, l'inexpérience de morsures y est sensible, et cependant Rops, devenu aujourd'hui l'ouvrier le plus consommé et le manieur d'acide le plus ingénieux du monde, Rops, dans toute sa carrière, n'a jamais tiré de la face humaine une impression plus saisissante que celle dégagée de ces deux physionomies rudimentaires.

De la même époque, et de facture analogue, l'*Homme au casque*, le *Chasseur au tiré*, le *Charpentier*. les *Deux Vieilles*, le *Médaillon à la tête poncée*, la *Tête à la calotte*, la *Flamande en chapeau de paille*, la *Tête de cheval*, la *Femme au miroir*, etc., sont des choses presque uniques, dont nous n'avons jamais, du moins, rencontré d'autre exemplaire. Toutes offrent certains mérites.

Une mention spéciale est due aux planches d'essai des *Cythères parisiennes*. L'illustration du livre de Delvau, paru en 1864, est une des plus abondantes et des plus réussies de Rops. En ces vingt-quatre minuscules vignettes, il a fixé définitivement la silhouette du public des bastringues d'un temps déjà lointain. Les nombreux tâtonnements, révélés par les planches successivement entreprises et perfectionnées, attestent les scrupules de sa conscience, en même temps que l'improvisation des croquis offre un vrai régal artistique.

Le projet à la manière noire pour le frontispice des *Cafés et Cabarets de Paris* a été refusé jadis par Dentu. On jugera par les trois épreuves du catalogue que l'éditeur eut tort.

Dès qu'on arrive aux œuvres plus récentes, apparaissent des *états* où la rareté s'associe à la plus haute valeur artistique.

Les *états* de Rops présentent souvent son eau-forte, non seulement incomplète, mais encore sous une forme très différente de ce qu'elle sera terminée. De là, pour chacun d'eux, un intérêt vif et personnel. Ainsi le *Prêtre russe* a commencé par un *Buste de femme* (introuvable) ! que la fantaisie du graveur a subitement transformé en pope ! L'amusante Macédoine intitulée : *En prenant le thé*, s'étage progressivement par une marche lente et pittoresque. Nous n'avions connu que deux *états* tout d'abord. M. T*** en a recueilli quatre différents. Quatre *états* aussi de la *Laitière flamande*, la planche la plus savante de Rops. Quatre *états* encore de la *Dernière Maja*, avec les variations abracadabrantes encadrant peu à peu le sujet principal. Dans le nombre, une épreuve unique, au chiffon, *retroussée* comme une peinture. La *Barque*, une des pièces du cahier de la *Société internationale des aquafortistes*, publiée en 1875, a été précédée, sur le cuivre, de quelques croquis rarissimes. Le buste de vieille femme, à lui seul, fait de ces *états* un document hors ligne.

Rops le terrible devient, quand il lui plaît, le maître des élégances. Les frontispices de la collection Gay et Doucé constituent un épisode important de sa carrière. On en parle peu dans le monde des marchands et des

collectionneurs, parce que des tirages abondants les ont réduits au rôle d'images vulgaires. Il convient cependant de s'y arrêter, car ce sont des merveilles. Chacune de ces compositions enchevêtre, dans un cadre infiniment petit, des groupes de personnages, d'objets, d'idées infiniment gracieux, coquets et spirituels. Chacun d'eux, disséqué, fournirait au premier venu la matière de dix pages. Chacun d'eux pourtant offre une harmonie si exquise qu'il est impossible de concevoir qu'on en détache la moindre parcelle sans détruire et rompre le charme de l'ensemble. Il existe des épreuves délicieuses de ces petites merveilles; ce sont celles qui furent tirées avec des remarques, avant la coupure des cuivres aux dimensions des plaquettes. Celles-là sont dignes des suffrages les plus difficiles; on en jugera par les irréprochables spécimens catalogués plus loin. Telle, par exemple, la *Sainte Chandelle d'Arras*, tirée sur le même cuivre que les *Chats* de Mme C***.

Cette dernière nous amène à dire un mot des planches d'ensemble, dont M. T*** a réuni les plus beaux exemplaires. On sait que, quelquefois, Rops, sur une grande surface, s'est amusé à tracer des sujets très divers qu'il se proposait de diviser ensuite pour les tirer séparément. Les tirages de ces groupements, avant la section du cuivre, sont peu communs et d'un aspect très séduisant. *Mon Grand'Oncle*, à côté du *Paysage brabançon*, de *James Tobynn* et du *Paysan breton*, conserve une allure générale de gravité rustique; la *Dame au carcel*, accompagnée du menu *Au Docteur*, de la *Paysanne bretonne* et de la *Dame à l'éventail*, est une étonnante étude de vernis mou ; la *Vieille à l'aiguille* travaille au milieu des contrastes : la grâce de *Bébé*, demi-nue, s'étale à côté du beau *Brasseur* fumant sa pipe, tandis qu'une petite femme noire sort du bal, sous l'œil malin du *Terme* érigé en lettrine pour Octave Uzanne. Les réunions de menus et de lettrines sont des tours de force de finesse exécutés à la loupe par une pointe miraculeuse. Chacun d'eux mériterait une description fouillée. Le moindre vaut la plus grande eau-forte.

En résumé, cette collection ne se recommande pas seulement par la belle qualité des épreuves, mais encore par la rareté et l'intérêt artistique des nombreux *états* qui l'agrémentent. Elle permet d'étudier et de suivre pas à pas la genèse du talent de Rops, aux différentes époques de sa carrière.

Elle permet aussi, pour un grand nombre de pièces, d'observer les hésitations et les variantes de sa pensée, la souplesse et la ressource de ses procédés d'exécution. Rien n'est plus intéressant et plus digne de justifier l'empressement des véritables amateurs.

Plusieurs beaux dessins complètent la fête.

A la plume, les frontispices des *Œuvres badines de Grécourt*, de la *Messe de Gnide*, des *Rimes de Joie*, poussés aussi loin qu'il est possible de le concevoir dans ce mode de travail, ne sauraient être surpassés par aucune œuvre du même genre. Peut-être, en remontant à certains maîtres flamands du XVe siècle que le Louvre exhuma récemment, trouverait-on la source atavique de cette subtilité graphique tirant, du plus revêche instrument, les plus moelleuses impressions.

Au crayon, *Oude-Kate* et la première idée de *l'Experte en dentelles* représentent les originaux de deux planches fameuses. *Oude-Kate*, la vieille Wallonne, est un morceau très médité, très gras, absolument terminé, irréprochable, synthèse lourdement martelée du « bloc » rural. *L'Experte*, avec le visage noblement jeune du premier état, si rare, traitée plus librement, conserve une légèreté agréable sans rien perdre de sa belle tenue.

La Nourrice aux Satyrions n'est pas un simple dessin. Il s'y ajoute les ressources de l'aquarelle et de la gouache, sans sortir de la tonalité discrète des grisailles. La composition encadre une aimable personne, presque nue, d'œgypans enfantins, gourmands et indiscrets qui la pressent de toutes parts pour s'abreuver à l'alléchante fontaine de ses seins. Ce grouillement puéril, aimablement sensuel, rappelle, avec un égal succès, la manière du frontispice des *Rimes de Joie* de la vente H***.

Le Cheval de bois et *la Parade*, aquarelles très ficelées, sont peut-être les deux meilleures pages de l'album des *Cent Croquis* de la vente Noilly. Elles ont été gravées en couleur dans le livre posthume des Cent Bibliophiles, intitulé *Féminies*.

Mais la perle de la collection c'est *le Scandale*, une aquarelle chaude, limpide et claire, peinte il y a près de vingt ans. Une demi-douzaine de belles commères hollandaises sont réunies autour de la table supportant le haut samovar de cuivre et chargée de tasses. Une vieille, maigre, à l'œil malin, raconte une histoire qu'elle appuie du geste. Les jeunes écoutent, généralement rieuses, quelques-unes avec une pointe d'inquiétude. La plus âgée, assise, très grasse, tricote flegmatiquement son bas. De quoi s'agit-il? Mystère! Pourtant il est permis d'imaginer qu'on glose sur la mésaventure de quelque pauvrette délaissée après d'imprudentes amours, tant l'impitoyable narquoiserie féminine semble s'en donner à cœur joie. Dans le fond, à travers un vitrail, apparaissent les voiles du port. Une atmosphère légère baigne toute la pièce, le métal étincelle, la porcelaine reluit, et les tonalités des vêtements et des coiffures, où jouent les bleus, les verts, les rouges les plus compliqués se fondent en une harmonie où Rops s'affirme une fois de plus, triomphalement, un prodigieux coloriste.

Nulle part il n'a dépassé, dans le domaine de la couleur, la perfection de ce morceau.

Nous souhaiterions vivement qu'un de nos musées s'en emparât. Jamais occasion meilleure ne se présentera de saisir au passage une œuvre irréprochable de Félicien Rops et capable de plaire à tous les publics.

Cette rapide esquisse de quelques échappées sur cet ensemble considérable n'a pas la prétention d'en donner au lecteur une idée exacte, mais seulement de noter la gravité de l'événement qui va exposer à l'Hôtel des Ventes certaines choses constamment inexistantes chez les marchands, et destinées, pendant de longues années, à ne plus reparaître, quand le marteau du commissaire-priseur sera tombé sur le prix d'adjudication. Tous les délicats, les difficiles, les raffinés y collectionneront, avec leurs emplettes, d'intimes et quintessenciées jouissances.

E. Ramiro.

DÉSIGNATION

CROQUIS, ÉTUDES

ET

COMPOSITIONS DIVERSES [1]

---

1 — *La Diligence d'Uccle* (R. 2), 1er état, avant la piqûre de la planche.

2 — *La Femme au boléro* (R. 3), 1er état.

3 — La même, 2e état.

4 — *Billet à ordre* (R. 4), tiré sur papier timbré.

5 — *Essuie-Mains. — Réactifs belges* (R. 5), 2e état, avant la coupure du cuivre, avec les lettrines d'Armand Gouzien.

---

(1) On a suivi, pour le classement, l'ordre de numérotage des catalogues d'E. Ramiro.

6 — *La Buveuse d'absinthe* (R. 7), 1er état.

7 — La même, 2e état.

8 — *Tête de femme* (R. 9), 1er état.

9 — *La Fantoche* (R. 10), 1er état (non décrit), comprenant seulement cinq croquis.

10 — La même, même état.

11 — La même, 2e état (non décrit) ; première apparition du chat dans le haut de la planche, à droite.

12 — La même, 1er état décrit ; la moitié supérieure de la planche a seule été tirée.

13 — La même, 2e état décrit.

14 — *Pigeon vole* (R. 18) ; la femme en toilette de sortie, 1er état.

15 — La même, 2e état.

16 — La même, 3e état.

17 — La même, 4e état ; planche d'ensemble comprenant en même temps que la femme en toilette de sortie, la tête de vieille femme et le médaillon : *Pigeon vole*.

18 — La même ; la tête de vieille femme seule, 1er état.

19 — *Pigeon vole;* médaillon.

20 — La même : médaillon. — Le rameur remplacé par le buste de la barreuse, et les mots : « Pigeon vole » par le mot : « Brunette ». (État non décrit.)

21 — *L'Homme au casque* (R. 19).

22 — *Femme à la toque écossaise* (R. 23), 6e état.

23 — *La Soetkin* (R. 25), 1re planche, 1er état (non décrit); l'œil gauche n'existe pas encore et est indiqué à la mine de plomb.

24 — La même, 1er état décrit.

25 — La même, 3e planche (R. S. 517), 1er état.

26 — *Tête d'Uylenspiegel* (R. 27), 1er état. (Collection Poulet-Malassis.)

27 — *Le Charpentier* (R. 28).

28 — *Nephten* (R. 29), 1er état.

29 — La même, 2e état.

30 — La même, 4e état.

31 — *Les Adieux d'Auteuil* (R. 30), 1er état; quelques retouches à la mine de plomb.

32 — La même, 2e état; nombreuses retouches à la mine de plomb.

33 — *La Quotidienne* (R. 35), 1er état.

34 — La même, 2e état (non décrit); avant le buste d'homme à barbiche de profil dans le haut à droite et le petit amour dans le bas à gauche.

35 — La même, 2e état décrit.

36 — La même, 3e et dernier état décrit.

37 — *La Femme en chapeau à cabriolet* (R. 37), 2e état.

38 — *Le Bassonniste* (R. 40), 1er état.

39 — La même, 2e état.

40 — La même, 3e état.

41 — *Servante* (R. 41).

42 — *L'Oncle Claes et la Tante Johanna* (R. 42), 1er état.

43 — La même, 2e état.

44 — La même, 3e état.

45 — La même, 5e état.

46 — La même, 6e état (non décrit); comme le précédent, mais avec un lavis d'aquatinte passé sur les hachures du fond.

47 — *Prêtre russe* (R. 43); avant la transformation de la tête de femme.

48 — La même, 1er état.

49 — La même, 2e état (non décrit); l'ombre noire posée seulement au-dessus du livre.

50 — La même, 2e état décrit.

51 — La même, 3e état décrit.

52 — La même, 5e état décrit.

53 — *La Petite Femme à la fourrure, assise* (R. 46), 2e état.

54 — *La Grande Femme à la fourrure, assise* (R. 46), 1er état.

55 — La même, même état.

56 — La même, 2e état.

57 — La même, 3e état (non décrit); avec la tête de Old Gentleman, mais avant les croquis.

58 — La même, 3e état décrit.

59 — *Amour sénile* (R. 47), 2e état.

60 — *Le Moujick* (R. 49), 1er état.

61 — La même, 2e état.

62 — *En prenant le thé* (R. 51), 2e état (non décrit); avant aucune ombre sur le flacon d'acide, la théière et la nappe.

63 — La même, 1er état décrit.

64 — La même, même état.

65 — La même, 2e état décrit.

66 — *Passé minuit* (R. 52), 1er état.

67 — La même, 3e état.

68 — *La Femme au trapèze* (R. 53), 2e état.

69 — La même, 5e état.

70 — *L'Oliviérade* (R. 55), 2e état.

71 — *L'Affûteur* (R. 57), 3e état.

72 — *L'Experte en dentelles* (R. 58), 2e état.

73 — *L'Experte en dentelles*; la figure vieillie.

74 — La même.

75 — *L'Ariette* (R. 63), 3e état.

76 — La même, 5e état.

77 — *Rosaire et Rosière* (R. 69).

78 — *Billet à désordre* (R. 73).

79 — *Le Clos du Roy* (R. 76), 3e état.

80 — *Le Miroir de Coquetterie* (R. 78), 1er état.

81 — La même, même état.

82 — *Misanthropie* (R. 83).

83 — *Zud-West* (R. 86), 1er état.

84 — La même (R. S. 528), 2e état.

85 — *Le Rydeack* (R. 87).

86 — *Milice hanovrienne* (R. 89), 1er état; sur la même planche que le 1er état de l'*Amour au tambourin* (R. 335).

87 — La même, 2e état.

88 — La même, 3e état.

89 — La même, même état.

90 — *Question d'Orient* (R. 92), 4e état.

91 — *L'Oracle du hameau* (R. 95), 2e état; sur la même feuille a été tiré *Paysage brabançon* (R. 48).

92 — *Vieux Faune* (R. 96).

93 — *Le Doigt dans l'œil* (R. 99), 1er état.

94 — La même, 2e état.

95 — *La Vieille à l'aiguille* (R. 100).

96 — *La Vieille à l'aiguille* (R. 101).

97 — *Bébé* (R. 103), 3e état.

98 — *Orphée* (R. 106).

99 — *Paysage du Bourbonnais* (R. 107), 2e état.

100 — *Buée d'automne en Ardennes* (R. 109).

101 — La même; reproduction au procédé Gillot.

102 — *Les Laveuses* (R. 110), 2e état.

103 — *Les Laveuses* ou *les Lavandières* (R. S. 641) (réduction), 2e état.

104 — *Sur la Lesse* (R. 111), 1er état.

105 — La même, 2e état.

106 — *La Vieille Masken* (R. 112), 3e état (R. S. 523).

107 — La même, 5e état (R. S. 523).

108 — *Jean Vandyrendonck* (R. 113), 3e état.

109 — *Laitière flamande* (R. 119), 1er état.

110 — *Laitière flamande* (R. S. 531), 2e état.

111 — La même, 3e état.

112 — La même, 6e état.

113 — *La Grève* [petite planche], (R. 121), 3e état.

114 — La même, 5e état.

115 — *Mon Grand-Oncle* (R. 122), 2e état.

116 — La même, 3e état.

117 — *Dans la Pusta* [grande planche], (R. 123), 1er état.

118 — La même, 2e état.

119 — *Celle qui fait « celle qui lit Musset »* (R. 124), 1er état.

120 — La même, 2e état.

121 — *La Planche du Tzigane* (R. 125), 1er état.

122 — La même, 4e état.

123 — *La Dernière Maja* (R. 126), 4e état.

124 — La même, 5e état.

125 — La même, 7e état.

126 — La même (R. S. 520), 8e état.

127 — *Ma Golonelle* (R. 127), 2e état.

128 — *Miette* (R. 128), 1er état.

129 — *Au Jardin* (R. 129), 1er état.

130 — *La Sieste* [grande planche] (R. 131).

131 — *Le Pot au lait* (R. 133), 1er état *bis* (non décrit); les croquis 4, 5, 11, 14, 16 et 18 n'existent pas encore.

132 — La même, 3e état décrit.

133 — *La Migraine* (R. 134), 1er état.

234 — La même, 2e état.

135 — *Ma Goutte* (R. 137), 1er état.

136 — La même, 2e état avec le sujet du milieu en 1er état, tiré à même la feuille.

137 — La même, 2e état avec le sujet du milieu tiré à part en 1er état et collé; les quatre vers autographes.

138 — La même, 5e état (non décrit). Les quatre vers effacés dans le sujet du milieu et la dédicace à M. de la Hesbaye ajoutée dans le bas à droite.

139 — *Séparés!* (R. 138), 1er état.

140 — *Le Vol et la Prostitution dominant* le *monde* (R. 144).

141 — Frontispice des *Œuvres inutiles ou nuisibles* (R. 145), 1er état.

142 — La même, 2e état.

143 — La même, 4e état; avec les légendes en rouge.

144 — La même, 5e état.

145 — La même, 10e état; avec une légende autographe.

146 — *Le Train des maris* (R. 146), 1er état.

147 — La même, 2e état.

148 — *Douce Folie* (R. 147), 1er état.

149 — *Guerrière* (R. 148), 2e état; avec une légende autographe.

150 — *Juillet* (R. 153), 3e état.

151 — Frontispice d'une suite d'œuvres libres (R. 154), 3e état.

152 — La même, 4e état.

153 — *Ma Grand'Tante* (R. 158), 2e état.

154 — *Fantaisie japonaise* (R. 159); au verso de la feuille : *La Grève,* en 2e état.

155 — *Remparts* (R. 160), 2e état.

156 — *La Foire aux Amours* [petite planche] (R. 164).

157 — *Les Champs* (R. 166).

158 — *L'Été* (R. 169).

159 — *Le Printemps* (R. 170), 1er état (non décrit); avant l'arbre, l'inscription « Montlignon » et la signature.

160 — *Modernité* (R. 171), 3e état *bis* (non décrit); l'inscription « Modernité » dans la banderole remplacée par le mot « Académie ».

161 — *La Clef des champs* (R. 172), 2e état.

162 — *Dimanche!* (R. 175).

163 — *Humanité* (R. 177), 2e état).

164 — La même, 3e état (non décrit), la petite tête du fond remplacée par... l'inverse.

165 — *La République aimab'* (R. 178), 1er état.

166 — *Hypocrisie* (R. 179).

167 — *Chanson du soir* (R. 180).

168 — *Bourgeoisie* (R. 181); avec légende autographe.

169 — *Le Verrou* (R. 183).

PLANCHES D'ÉTUDES

170 — *Les deux Vieilles* (R. 185), 1er état.

171 — La même, 2e état.

172 — *Médaillon à la Tête poncée* (R. 186), 1er état. (Collection Poulet-Malassis.)

173 — La même, 3e état, (Collection Poulet-Malassis.)

174 — La même, même état; moitié de la planche.

175 — *La Flamande inclinée* (R. 189) [Collection Poulet-Malassis].

176 — *La Tête à la calotte* (R. 191).

177 — *La Flamande au chapeau de paille* (R. 195), 4e état.

178 — *Monsieur Grincheux* (R. 196), 1er état.

179 — La même, 2e état.

180 — *Les Roseaux* (R. 198); trois fragments du 5e état.

181 — La même, 8e état.

182 — *La Tête de cheval* (R. 202), 1er état.

183 — La même, 3e état.

184 — *Les Bateaux* (R. 203), 1er état.

185 — *L'Avocat* (R. 205), 1er état.

186 — La même, 2e état.

187 — *Olla Podrida* (R. 208), 1er état.

188 — La même, 2e état.

189 — *La Belle Madame X...* (R. 217), 1er état.

190 — La même, 2e état.

191 — La même, 2e état *bis* (non décrit); de larges taches d'aquatinte couvrent en partie la planche. A gauche et au-dessus de la figure principale, esquisse d'une tête de trois quarts à gauche. A droite, dans la largeur, tête d'homme à moustaches, de profil à gauche. En bas à droite et au-dessus du Scapin, tête de femme.

192 — *La Dame au Cochon* (R. 239); épreuve en couleurs.

193 — La même, planche réduite pour le Catalogue de Ramiro et en sens inverse de la précédente. Épreuve en couleurs (non décrite).

194 — *Ma Fille, Monsieur Cabanel* (R. 246), 1er état.

195 — La même, 3e état.

196 — La même, même état.

197 — *La Sirène* (R. 250).

MENUS

198 — *Le Grand Marmiton* (R. 282), 1er état, tiré en bistre.

199 — *La Défense du budget* (R. 286); fragment de la planche d'ensemble. 2e état (non décrit); avec la banderole où on lit « Budget-Défense ». Le bambin de droite personnifie le « Théâtre français ».

200 — La même, 2e état décrit. Cet état aurait été tiré pour Armand Gouzien lorsqu'il est devenu directeur des « Concerts Populaires ».

201 — *La Crémaillère* (R. 295), 2e état.

202 — *La Jolie Fille en chemise* (R. 296), 2e état.

203 — La même, 3e état.

204 — La même, 4e état (non décrit); le petit torse d'homme et la petite tête de femme sont remplacés par six feuilles de vigne.

205 — *Le Cochon truffier* (R. 292), 1er état.

LETTRINES, MARQUES

ET

ADRESSES

---

206 — *Le Grand Livre* (R. 318).

207 — *La Presse* (R. 328), 1er état.

208 — La même, 2e état.

209 — *La Chrysalide* (R. 330), 2ᵉ état.

210 — *Théâtre des Fixions* (R. 331), 4ᵉ état.

211 — Affiche des *Rimes de Joie* (R. 336), 3ᵉ état ; épreuve tirée en rose.

FRONTISPICES
ET
ILLUSTRATIONS DIVERSES

LES DIABOLIQUES :

212 — *Le Sphinx* (R. 149), 1ᵉʳ état.

213 — *Le Rideau cramoisi* (R. S. 505).

214 — *Le plus bel Amour de Don Juan* (R. S. 506).

215 — *Le Bonheur dans le crime* (R. S. 507).

216 — *Le Dessous de cartes d'une partie de whist* (R. S. 508).

217 — *La Femme et la Folie dominant le monde.*

218 — *La Plage de Blankenberghe* (R. 348).

219 — *Les Épaves*, de Charles Baudelaire (R. 349), 7e état.

LES SONNETS DU DOCTEUR (1) :

220 — *Le Massage* (R. 351), 1er état; retouché à l'encre.

221 — La même, 2e état (non décrit); planche achevée.

---

222 — *Le Cabinet satyrique du XVIIe siècle* (R. 352), 1er état.

223 — La même, 2e état.

224 — *Les Amusements des Dames de Bruxelles* (R. 353), 3e état.

225 — La même, même état.

226 — *Chansons badines*, par Collé (R. 354), 1er état.

227 — La même, 2e état.

---

(1) Voir ci-après les nos 371 à 373.

LA LÉGENDE ET LES AVENTURES D'ULENSPIEGEL ET DE LAMME GOETZAK :

228 — *Le Buveur* (R. 359), 1er état.

---

229 — *Les Cousines de la Colonelle* (R. 369), 1er état.

230 — La même, 2e état.

231 — *Histoire anecdotique des Cafés et Cabarets de Paris* (R. 371), 3e état.

232 — La même, 1re planche d'essai (R. 372), 1er état.

233 — La même, 2e état. (Collection Poulet-Malassis.)

234 — La même, 5e état.

235 — La même, 2e planche d'essai (R. 373), 2e état.

236 — *Le grand et le petit Trottoir* (R. 374), 5e état.

LES CYTHÈRES PARISIENNES :

237 — Grande planche d'ensemble (R. 395), 3e état.

238 — La même, même état.

239 — La même, 4e état.

240 — La même; fragment.

PLANCHES D'ESSAI :

241 — Première étude (R. 396), 1er état.

242 — La même, 2e état.

243 — Deuxième étude (R. 397), 2e état.

244 — La même, 3e état.

245 — La même; fragment du 2e état. (Collection Poulet-Malassis.)

246 — La même; fragment du 3e état.

247 — La même; fragment du 4e état.

248 — Troisième étude (R. 398), 1er état.

249 — La même, 2e état.

250 — Quatrième étude (R. 399); avant la brûlure.

---

251 — *Histoire de la sainte Chandelle d'Arras* (R. 400), 4e état.

252 — La même, 5e état.

253 — *Catéchisme des Gens mariés* (R. 401), 1er état.

254 — La même, 3e état.

255 — *La Fleur lascive orientale* (R. 402), [petite planche], 1er état.

256 — *Margot la Ravaudeuse* (R. 404).

257 — La même.

258 — *Album du Gaulois* (R. 405).

259 — *Les jeunes France* (R. 406), 4e état.

260 — *Des Conflits entre Chasseurs et Propriétaires* (R. 407), 2e état.

261 — La même, 6e état.

262 — *Le Fer rouge* (R. 408), 2e état.

263 — *Œuvres badines* (R. 409), 2e état.

RIMES DE JOIE :

264 — Frontispice (R. 412), 1er état.

265 — La même, 2e état.

266 — *L'Art moderne* ou *la Lecture du grimoire* (R. 413), 1er état.

267 — La même, 5e état.

268 — *La Femme à la fourrure, debout* (R. 415), 2e état.

269 — La même, 3e état.

270 — La même, 4e état.

271 — *Le Diable dupé par les Femmes* (R. 416), 2e état.

272 — La même, 3e état.

273 — *Le Christ au Vatican* (R. 417), avant le 1er état décrit; morsure très légère et très pâle.

274 — La même, 1er état décrit.

275 — La même, 3e état *bis* (non décrit); devant la petite communarde une porte est tracée avec l'inscription : « Vive la Commune ! »; au-dessous, à gauche, entre la petite communarde et le volume de *Gentil Bernard,* une tête de moine; à gauche et à côté du sac de voyage, une bottine fatiguée, et au-dessous, dans la marge de gauche, une tête d'homme à longs cheveux et lunettes.

276 — *La Messe de Gnide* (R. 419), 1er état; avant la coupure du cuivre, sur la même planche que le 1er état de la petite figure : *Dans la Pusta* (R. 123).

277 — La même, 2e état.

278 — *L'Escole des Filles* (R. 422), 1er état (non décrit); la tête et les épaules de la femme assise seulement esquissées; le titre « l'Escole des Filles » n'existe pas encore, non plus que les hachures transversales des rideaux. (Collection Poulet-Malassis.)

279 — La même, 2e état (non décrit); la tête de la femme assise achevée ainsi que les rideaux, mais le titre « l'Escole des filles » n'existe pas. (Collection Poulet-Malassis.)

280 — La même 3e état décrit. (Collection Poulet-Malassis.)

281 — *Les Bas-Fonds de la Société* (R. 423), 3e état.

282 — La même, état non décrit.

283 — *Gaspard de la Nuit* (R. 424), 7e état.

284 — *Alfred de Musset* (R. 425), 1er état.

285 — La même, 6e état.

286 — *Curieuse* (R. 427), 3ᵉ état.

287 — *La Gardeuse de moutons* (R. 433), 1ᵉʳ état.

288 — La même, 2ᵉ état.

289 — *La Sphère de la lune* (R. 434), 1ᵉʳ état.

290 — La même, 2ᵉ état.

291 — La même, 4ᵉ état.

292 — *La Vie élégante* (R. 445).

293 — *Les Exercices de dévotion* (R. 447), 1ᵉʳ état.

294 — La même; épreuve en couleurs.

295 — La même; décomposition de l'épreuve en couleurs (4 planches).

296 — *Anandria* (R. 449).

297 — *Anandria* [planche d'essai], (R. 450), 1ᵉʳ état (non décrit).

298 — La même, 2ᵉ état (non décrit).

299 — La même, 3ᵉ état (seul décrit).

300 — *Les bons Contes du sire de la Glotte* (R. 458), 2ᵉ état.

PLANCHES D'ENSEMBLE

301 — *La Femme à la tête de mort* et *la Portière de Jacquemart* (R. 486), 1er état.

302 — La même, 2e état.

303 — La même, 3e état.

304 — La même, 4e état.

305 — *Histoire de la sainte Chandelle d'Arras et les Chats* (R. 488), 2e état.

306 — *La petite Liseuse. — Lézard japonais. — Lettrine aux mirlitons. — Défense du budget. — La Galatelle. — La Cigogne japonaise* (R. 489 et R. S. 536), 3e état.

307 — La même, même état ; fragment contenant : *La petite Liseuse. — La Lettrine aux Mirlitons. — La Galatelle* et *la Cigogne japonaise.*

308 — *Menus Au Cochon nimbé. — Au Cheval à la broche. — Au Dindon volant. — Au Paon. — Au Jockey vainqueur* et *les Violettes* (R. 490).

309 — La même; planche coupée, contenant : *Le Cochon nimbé. — Le Cheval à la broche* et *le Dindon volant.*

310 — *Mon Grand-Oncle.—Paysage brabançon. — Lettrine de James Tobynn. — Coin du feu* et *Paysan breton* (R. 492).

311 — *La Dame au carcel. — Menu au docteur. — Paysanne bretonne. — Dame à l'éventail* (R. 493).

312 — *Clos du Roy* et *Complaisance* (R. 494), état (non décrit); avant les deux traits horizontaux qui divisent la planche : deux têtes d'homme seulement sur cinq dans la partie inférieure.

313 — La même, 1er état décrit.

314 — La même, 2e état décrit.

315 — La même, dernier état (non décrit) : *Complaisance,* fortement accentuée en noir.

316 — La même, même état.

317 — *La Question d'Orient* et *Au feu!* (R. 495). 1er état.

318 — La même, 2e état.

319 — *La Vieille à l'aiguille. — Bébé. — Garçon brasseur. — Lettrine au terme* et *Sortie de bal* (R. 496), 1er état.

320 — La même, 2e état.

321 — *La Grève* et *la Femme au trapèze* (R. 497).

322 — *Lettrines Au Cheval rétif, Au départ, A l'Arrivée et au Pesage* (R. 499). 1er état.

323 — *Lettrines A l'Éventail, — Aux Colombes* et *Griffonnages* (R. 500). (Collection Poulet-Malassis.)

324 — *Lettrines Au Palmier, Au Paravent, au Caniche* et *Croquis* (R. 502), 1er état (non décrit); avant l'esquisse de la tête de femme et du flambeau.

SUPPLÉMENT

325 — *Derrière le rideau* (R. S. 514).

326 — *Petit Modèle* (R. S. 533), 1er état.

327 — *Premier Pas* (R. S. 534).

328 — *La Cuisine de l'Auberge des Artistes à Anseremme* (R. S. 538), 1er état (non décrit); l'encadrement seul.

329 — La même, 1er état décrit.

330 — *La Femme au miroir* (R. S. 539), 2e état; au dos, la mention citée au Catalogue.

331 — *Évocation* ou *Incantation* (R. S. 540).

332 — *L'Ame des choses* (R. S. 545).

333 — *Diabologie* (R. S. 548).

334 — *Poisson rare* (R. S. 549).

335 — *Peuple* (R. S. 550).

336 — *Tentation* ou *la Pomme* (R. S. 551).

337 — *Le Gaillard d'arrière* (R. S. 555).

338 — *Plénipotentiaire* (R. S. 557), 1er état; avant la signature F. R. 89.

339 — *Parallélisme* (R. S. 558).

340 — *La Messagère du diable* (R. S. 561).

341 — *Frontière de Belgique* (R. S. 563), [Billet à désordre], 1er état.

342 — La même, 3e état.

343 — La même, 4e état ; tiré sur papier timbré avec une légende autographe : « Bon pour un croquis.—Paris, 2 juillet 1882. A fin décembre prochain, j'offrirai à Mme Berthe Eyben un croquis, valeur en compte.

« F. Rops, 1, pl. Boïeldieu. »

344 — *Vendangeuse* (R. S. 564), 1er état.

345 — *Très vieille* (R. S. 565), 1er état.

346 — *Canicule* (R. S. 566), 1er état.

347 — *Mater dolorosa* (R. S. 567), 1er état.

348 — La même, 2e état.

349 — *La Nourrice au Satyrion* (R. S. 573).

350 — *La Pantoufle de Cendrillon* et *Repos* (R. S. 577), 2e état.

351 — La même, 3e état.

352 — *Satisfaction* (R. S. 578), état non décrit; au-dessus du Yankee, griffonnages; au-dessous de la petite femme nue, tête de femme coiffée d'un bonnet avec les épaules à peine esquissées et une inscription : Chaleur. Enfin, dans la marge inférieure, une série de têtes esquissées.

353 — *Porteuse de poissons* (R. S. 579), 3ᵉ état.

354 — *La Découverte de l'Amérique* (R. S. 586), 2ᵉ état.

355 — Planche de *la Buveuse* ou *Vin d'Espagne* (R. S. 592), 3ᵉ état.

356 — *Naturalia* (R. S. 604), 4ᵉ état.

357 — *Notes d'un Vagabond* (R. S. 634), 1ᵉʳ état.

358 — *Stéphane Mallarmé* (R. S. 636); *la Grande Lyre*; planche rayée.

359 — *Maturité* (R. S. 637), 2ᵉ état.

360 — La même, 5ᵉ état.

361 — La même; l'encadrement seul.

362 — *La Pudeur de Sodome* (R. S. 638), 7ᵉ état.

363 — *L'Amante du Christ* (R. S. 639).

364 — La même; épreuve en couleurs.

365 — *A Cœur perdu* (R. S. 640), 2ᵉ état.

MORGAT :

366 — *Sirène à l'affût*, frontispice (R. S. 652), 1ᵉʳ état.

367 — Fleuron : *A la Chanson des bois* (R. S. 653).

368 — Cul-de-lampe : *Aux Amours mélomanes* (R. S. 654).

369 — Fleuron : *A la Naïade* (R. S. 655).

370 — Cul-de-lampe : *A la Pomme de pin* (R. S. 656).

LES SONNETS DU DOCTEUR :

371 — *Ecchymoses* (R. S. 657); épreuve tirée en rouge.

372 — *Auscultation* (R. S. 658).

373 — *Le Homard à la Coppée* (R. S. 659).

---

374 — *Un Document sur l'Impuissance d'aimer* (R. S. 660), 1er état.

375 — La même, 4e état.

POÉSIE, PREMIER CAHIER :

376 — *La Grande Lyre* (R. S. 678); frontispice pour Mallarmé (réduction), 1er état.

377 — La même, 2e état (non décrit); les trois croquis de la marge du bas effacés; en bas, dans la marge de gauche, une femme vue en buste, buvant dans une tasse.

378 — La même, 3e état (non décrit); comme le précédent; en plus, dans la marge de droite, croquis de femme assise, vêtue d'un maillot et tenant de la main droite un tambour de basque.

379 — La même, 4e état (non décrit); comme le précédent; en plus, au-dessus de la femme assise, dans la marge de droite, tête de femme coiffée d'un boléro.

380 — La même, 5e état (non décrit); comme le précédent; en plus, au-dessus du buste de femme dans la marge de gauche, un pêcheur vu de trois quarts, emportant ses filets. Au-dessus de celui-ci, femme assise coiffée d'un grand bonnet frison, travaillant. Dans la marge de droite, au-dessus de la tête de femme, femme nue (vue de dos, dont le bonnet vient de s'envoler.

381 — La même, 6e état (non décrit); le bord des marges du cuivre nettoyé sur une largeur d'environ quatre millimètres,

ce qui a fait disparaître une petite portion de la jambe gauche et la pointe du coude de la femme au tambour de basque, ainsi que l'extrémité de quelques tailles dans la marge de gauche.

382 — La même, 7e état (non décrit); tous les croquis de marge effacés.

PIÈCES NON DÉCRITES

383 — Copie en réduction de *la Diligence d'Uccle*, reproduite dans le journal *l'Autographe* de 1864 (R. 2, à la note).

384 — Planche : *Au Petit Marquis*, vernis mou. Dix croquis de têtes diverses.

385 — *Vieille Femme au parapluie*, eau-forte, planche d'étude ancienne en largeur. A gauche, vieille femme vue de dos tenant de la main gauche un parapluie; à droite, étude d'un chêne au bord de l'eau.

386 — *Planche des quatre peintres*, eau-forte, planche en largeur. La planche divisée

en six compartiments contient : deux bustes de femme, par Rops ; un paysage, par Harpignies ; deux personnages jouant du piano, par Le Taiée, avec la mention : 29 mai 1872, chez de Bériot, et une tête d'homme de profil à droite, par Daumier.

387 — *Fantaisie à l'Éventail*, vernis mou. Femme nue assise élevant son éventail de la main gauche ; en bas à droite : M. Berger, 1882.

388 — *Derrière l'Éventail*, eau-forte, planche ancienne. Buste de femme à la coiffure très relevée, abritant son visage derrière son éventail. Signée à droite : Félicien Rops. Dans le bas, autre croquis de femme en sens inverse, avec divers griffonnis où on distingue la date 69.

389 — *Femme au piano*, eau-forte. Une femme en peignoir, de profil à droite, jouant du piano (grav. par Taelemans). Au-dessus, croquis d'un homme en burnous à côté d'une bouteille ronde ou vase cylindrique. Diverses taches d'acide. 1er état en deux fragments.

390 — La même, 2e état.

D'APRÈS FÉLICIEN ROPS

391 *La Folie aux bulles de savon.*

DESSINS ET AQUARELLES

encadrés

---

392 — *Le Scandale*, aquarelle. Six femmes en costume hollandais autour d'une table causent avec animation en prenant le thé.

H. 0^m275. L. 0^m35.

393 — *La Nourrice aux Satyrions*, aquarelle.

H. 0^m30. L. 0^m20.

394 — *La Buée en Ardennes*, dessin (plume et crayon) sur une contre-épreuve légère du frontispice du livre de Piédagnel : Millet. Souvenir de Barbizon. Au bas, dessin original d'un croquis de marge.

H. 0^m22. L. 0^m18.

395 — *Œuvres badines de Grécourt*, dessin du frontispice à la plume.

H. 0^m20. L. 0^m125.

396 — *La Parade*, aquarelle. Frontispice du deuxième volume du *Théâtre des Cent Croquis*, reproduit et gravé pour *Féminies*.

H. 0m215. L. 0m155.

397 — *La Femme au cheval de bois,* aquarelle. Frontispice du dernier dizain du *Théâtre des Cent Croquis*, reproduit et gravé pour *Féminies*.

H. 0m225. L. 0m152.

398 — *Œuvres badines de Grécourt*, étude pour le frontispice, crayon et aquarelle.

H. 0m20. L. 0m128.

399 — Les mêmes, (1er projet), croquis à la plume.

H. 0m15. L. 0m95.

400 — *La Messe de Gnide* , dessin du frontispice à la plume.

H. 0m23. L. 0m152.

401 — *La Vie moderne*, dessin du titre sur papier calque.

H. 0m46. L. 0m35.

402 — *Peine,* dessin à la plume.

H. 0m09. L. 0m17.

403 — Croquis pour *la Diligence d'Uccle*, dessin, crayon noir et sanguine.

H. 0m15. L. 0m18.

404 — Le même, croquis sur calque.
H. 0^{m}15. L. 0^{m}18.

405 — *Family Horse*, dessin au crayon et à la sanguine, sur une planche d'étude.
H. 0^{m}30. L. 0^{m}217.

406 — *Le Massage*, dessin à la plume rehaussé d'aquarelle.
H. 0^{m}23. L. 0^{m}17.

407 — *Étude de Vieille*, dessin au crayon et à l'aquarelle.
H. 0^{m}09. L. 0^{m}09.

408 — *Dans la Pusta*, dessin à la plume.
H. 0^{m}24. L. 0^{m}08.

409 — *Départ pour Cythère*, aquarelle. Frontispice du 5e dizain du *Théâtre des Cent Croquis*.
H. 0^{m}22. L. 0^{m}15.

410 — Étude pour *Déplorable Attitude*, dessin au crayon noir.
H. 0^{m}16. L. 0^{m}153.

411 — *Les Rimes de joie*, étude pour le frontispice, dessin à la plume.
H. 0^{m}276. L. 0^{m}166.

412 — *Peuple*, dessin au crayon noir.
H. 0^{m}205. L. 0^{m}13.

413 — *Marguerite et Mephisto,* aquarelle.

H. 0m243. L. 0m153.

414 — *Tentation,* dessin à la plume.

H. 0m15. L. 0m10.

415 — *La Mort* (croquis au crayon noir) et *Femme étendue* (dessin à la plume), dans les marges de *Jean Brouette,* eau-forte en 6e état (R. 68).

416 — *Jeune Femme debout,* dessin à la mine de plomb dans la marge de *Au Jardin,* eau-forte en 3e état (R. 129).

417 — *Tête de Silène,* croquis au crayon noir, dans la marge du *Pilier d'église,* eau-forte (R. 90).

418 — Planche de croquis à la plume.

H. 0m27. L. 0m35.

419 — Deux Dessins à la plume représentant:

1° *Un Moine lisant;*

2° *Une Tête de femme.*

Pour chaque : H. 0m075. L. 0m07.

420 — *Un Portier viennois,* dessin à la plume.

H. 0m11. L. 0m08.

421 — *Laitière bruxelloise,* dessin à la plume, sur la planche de la lettrine pour

Mme Clapisson, eau-forte en 4e état (R. 311).

H. 0m15. L. 0m08.

422 — Planche de trois croquis importants dans les marges de la *Femme au trapèze,* eau-forte en 6e état (R. 53) Cette planche comprend :

A droite : *Pierrot Henry* (Cirque d'été), dessin à la plume ;

Au bas : *Polichinelle M. Faustin,* dessin à la plume;

A gauche : *Mlle de Tombray* (Cirque d'été), dessin à la plume et au crayon.

423 — *Femme slovaque,* dessin au crayon rehaussé, dans la marge de *La Vieille aux fleurs de lys*, eau-forte (R. 135),

H. 0m17. L. 0m12.

424 — *Le Trottin,* dessin au crayon rehaussé, dans la marge de *La Grande Femme à la fourrure* (R. 46), eau-forte en 4e état non décrite; dans le bas, esquisse de tête d'homme; à gauche, tête d'homme imberbe de profil à gauche et autre tête d'homme barbu coiffé d'un chapeau rond de profil à droite.

H. 0m13. L. 0m12

425 — *La Feuille de vigne,* dessin au crayon noir rehaussé.

H. 0m28. L. 0m19.

426 — *Holocauste*, dessin au crayon noir rehaussé.

H. 0m28. L. 0m19.

427 — *Oude Kate*, dessin au crayon noir.

H. 0m33. L. 0m235.

Au dos, étude au crayon noir d'une femme assise tenant un enfant sur ses genoux.

H. 0m26. L. 0m20.

428 — *La Dentellière,* dessin au crayon noir.

H. 0m25. L. 0m165.

429 — *Le Bout du sillon,* dessin au crayon noir. Au dos, étude au crayon noir (même dimension) d'un groupe de deux hommes coiffés l'un d'un bonnet de Scapin, l'autre d'un chapeau mou à plumes.

H. 0m21. L. 0m158.

www.ingramcontent.com/pod-product-compliance
Ingram Content Group UK Ltd.
Pitfield, Milton Keynes, MK11 3LW, UK
UKHW020439180726
13839UKWH00004B/1564